IMPOSEÍDA
(46 poemas)

MERCEDES DE ACOSTA

IMPOSEÍDA
(46 poemas)

Edición de
JESÚS J. BARQUET
Y
CARLOTA CAULFIELD

Traducción al español de
JESÚS J. BARQUET,
CARLOTA CAULFIELD
Y
JOAQUÍN BADAJOZ

Ediciones La Mirada
Las Cruces, Nuevo México
Estados Unidos de América
2016

EDICIONES LA MIRADA

Editor Jefe: Jesús J. Barquet
    jbarquet@gmail.com
Editora Asociada: Carlota Caulfield
    amach3@hotmail.com
Editor Asociado de Reseñas: Yoandy Cabrera
    yoandyc@gmail.com

ISBN-13: 978-0-9911325-4-6

ISBN-10: 0-9911325-4-8

© 2016 *Imposeída (46 poemas)*, Jesús J. Barquet y Carlota Caulfield,
    Ediciones La Mirada

© 2016 Cada traductor es dueño de su respectiva colaboración

Maquetación digital: Jesús J. Barquet

Diseño de cubierta y contracubierta: S.G.

Imagen de cubierta: José Rosabal, *Flying City (Green)*, 2015. Acrílico
    sobre lienzo virgen, 27 x 68 pulgadas. Cortesía de Rafael
    DiazCasas, Academy Arts Projects y el pintor.

AGRADECIMIENTOS:

A Rafael DiazCasas, Amauri Gutiérrez Coto, Virgilio López Lemus,
Reinaldo García Ramos y New Mexico State University (en especial,
Molly Molloy, Jeff Longwell, Beth Pollack y Glenn Fetzer).

ÍNDICE

MERCEDES DE ACOSTA EN TRAJE DE POETA

JESÚS J. BARQUET Y CARLOTA CAULFIELD

> *I, blood of the Old World,*
> *Turn my face to the New.*
> *America! America!*
> *I sing my songs to you.*
> *Alien child of a Latin land,*
> *I open my heart, extend my hand;*
> *I, seed of the Old World,*
> *Springing from the New;*
> *Take my heart and hold it—*
> *Keep my faith in you.*
> Mercedes de Acosta, "Offering"

1. Una mujer icónica de una época

En la biografía *Garbo* (1955), John Bainbridge describe a Mercedes de Acosta como "una mujer de refinada educación, gusto decorativo impecable y una peculiar elegancia personal; (...) dotada también de un gran espíritu y energía, una curiosidad ecléctica y un variado interés por las artes"; "una personalidad vívida, estimulante y singular" con una devoción apasionada e intensa por el arte de vivir (167-168. Traducción nuestra).[1]

Nacida y criada en New York en el seno de una opulenta y extensa familia cubano-española, Mercedes de Acosta (1893-1968) fue una poeta, dramaturga, guionista de cine y novelista estadounidense (*American*) de origen hispano por ambos padres. A través de los años ha sido descrita indistintamente, además, como *Hispanic*, cubanoamericana, cubano-española-americana, española, Latina, *Hispanic*, *Latin type* e, incluso, cubana.

---

[1] Todas las traducciones de esta introducción son nuestras, a menos que se indique otro traductor.

Ante el interés actual por definir estos términos y otros tales como *US-Hispanic* e hispanounidense —los cuales establecen, en ocasiones, una diferencia entre el origen latinoamericano o español del hispano—, el caso de Mercedes de Acosta, como el de otros hispanos del siglo XIX e inicios del XX, difumina un tanto dicha distinción porque su origen incluye ambas referencias y porque su lado cubano —Ricardo de Acosta, su padre— nació en una Cuba aún considerada territorio español.

Su abuelo paterno fue un español establecido económica y familiarmente en La Jagua, cerca de Matanzas, Cuba. Allí nació su hijo Ricardo (un "criollo", en la terminología local), quien de niño vivió brevemente en la isla. De joven regresó a esta y participó —brevemente también— en las conspiraciones contra el gobierno colonial. Tras caer preso en 1852, salió al exilio en los Estados Unidos. A pesar de su breve estadía en Cuba, vivió allí —según sus propias palabras— "los únicos años verdaderamente felices de su vida", asegura de Acosta (*Here* 12).

La madre de Mercedes, Micaela Hernández de Alba y de Alba —al parecer, descendiente de la nobleza española—, llega en 1868 por asuntos de herencia a New York, donde poco después ella y Ricardo se conocen y casan. Educó Micaela a sus ocho hijos dentro de la tradición católica, las costumbres hispanas y la lengua española. Con sus hijas, en particular, trató de seguir, con mayor o menor éxito, las convenciones más arraigadas sobre la mujer: ser obediente, doméstica, casada, fiel y religiosa. Sin embargo, la educación de Mercedes, su hija menor, rompió con ciertas convenciones, pues por muchos años la niña fue criada como varón, lo cual generó en ella entonces una incertidumbre o conflicto sobre su género y, poco después, sobre su orientación sexual. Ya de adulta, dicha incertidumbre se resolvió en una iconoclasta y abierta propuesta identitaria: "¿Quién de nosotros pertenece a un solo sexo? Yo, a veces, me siento andrógina", afirma de Acosta (en Schanke 23).

Sentirse diferente a la norma también se nutrió de su origen étnico, según revela en su autobiografía *Here Lies the Heart* (1960): "Desde temprana edad recuerdo haber percibido que mis padres no eran como los padres de los niños estadounidenses que yo conocía. (...) Ellos eran claramente del tipo latino. (...) Sentir que mis padres eran inusuales, no iguales a otros, me hizo verme a mí misma como diferente también" (23-24). Y sobre ella misma —"hija extranjera de una tierra latina" ("Offering" 17)— afirma que, además de ser "una española de pura sangre", el tener dicha herencia y, a la vez, haber nacido en los Estados Unidos "es en sí mismo una causa de *complejos* y contradicciones sicológicas" (*Here* 1. Énfasis suyo). No sorprende entonces que, en la década del veinte, contrastando aún los estereotipos sajón y latino, de Acosta confiese en un poema hallado entre sus papeles el deseo de regresar "a mi tierra./ Tierra de España. Tierra triste y trágica./ Lugar de corazones cálidos, cabellos y ojos oscuros", aunque termina aceptando que ese regreso es sólo una ficción imposible, ya que "al final,/ será en las tierras frías, barridas por la nieve y el viento,/ donde morirá mi corazón, yo lo sé" (en Schanke 117).[2] Pero de Acosta también concibe su identidad familiar y personal en función de otro contraste, el que ella siente entre el Viejo Mundo (Europa) y el Nuevo Mundo (América), como se ve en "Offering" y, más detalladamente, en su autobiografía, al explicarnos que el matrimonio en los Estados Unidos de una de Alba y un de Acosta sería "el puente entre el Viejo Mundo y el Nuevo, un puente sobre el cual sus hijos iban a cruzar de uno a otro lado en una búsqueda incesante de hogar" (16).

Los de Acosta se movían en los mismos círculos neoyorquinos que frecuentaban otras familias pudientes

---

[2] De Acosta visita Cuba a los 14 años y, según lo hallado entre sus papeles personales, le fascinó la isla. Durante el viaje escribe el poema "My first impression of Cuba", dedicado a su padre. El poema registra la "belleza" y los "encantos" del tradicional *locus amoenus* tropical: "palmeras", "cocos", "negros", "aire dulce y balsámico", todo ello salido "de la Mano de Dios" (De Acosta, en Schanke 29-30).

de la ciudad, tales como los Vanderbilt y los Astor. Tenían su residencia en el número 48 de la Calle 47 Oeste, entre la Quinta y la Sexta Avenidas, zona clave de riqueza y poder en la urbe que, entre finales del siglo XIX y comienzos del XX, produjo una ambigua fascinación en Walt Whitman, José Martí, Juan Ramón Jiménez, Francis Picabia, José Juan Tablada, Hart Crane, Clara Lair, Vladimir Maiacovski y Federico García Lorca.

La propia autora —mujer que abraza la modernidad urbana— declara ser una hija afortunada de un New York guiado por "el espíritu de lo nuevo" (*Here* 67). Entre 1916 y 1928 desplegó allí su mayor creatividad literaria: escribió dos novelas, once obras teatrales (incluida una comedia musical), una traducción teatral del francés al inglés, tres poemarios y "una serie de ensayos" sobre hombres ilustres (Byron, Shelley, Whitman) (Schanke 93). Por tal motivo alcanzó una prometedora notoriedad, especialmente como dramaturga tras el éxito de su *Jacob Slovak* (1923), pieza que criticaba el antisemitismo de una pequeña ciudad estadounidense de New England, y que de un teatro en Brooklyn pasó a Off-Broadway, a Broadway y finalmente a Londres. Caracteriza su producción teatral, afirma Robert A. Schanke, la presentación de sujetos femeninos que "están en un torbellino mental, en lucha con asuntos tales como el matrimonio infeliz, el divorcio, el deseo sexual, la identidad y el autorreconocimiento" (en de Acosta, *Women* xviii).

Apasionada del teatro desde su infancia, de Acosta participó, pues, activamente en la vida teatral de Broadway y se relacionó con el círculo lésbico de la importantísima productora teatral y agente literaria Elisabeth (Bessie) Marbury. De entonces son sus relaciones sentimentales con Maude Adams, Alla Nazimova, Katherine Cornell, Isadora Duncan y Eva Le Gallienne, para quien escribió las piezas *Jehanne d' Arc* (1922) y *Sandro Boticelli* (1923).

En esos años se convirtió también en una influyente figura dentro de los círculos liberales neoyorquinos. Sobresalía por sus ideas y conductas feministas —hacia 1919 era ya una inquieta activista en los movimientos por los derechos de la mujer y, entre ellos, el derecho al voto—, su pasión por las filosofías orientales, su vegetarianismo y, sobre todo, su abierto lesbianismo. Se hizo famosa no sólo por su manera novedosa de maquillarse, a veces, con tonos blancos a la manera de las actrices del expresionismo alemán, sino también por su manera de vestirse con pantalones masculinos, zapatos negros puntiagudos con hebillas, una capa negra y un sombrero tricornio. Con gran intensidad vivió ese período en que habitaba la ciudad una cierta cofradía "espiritualmente iluminada" de amantes de las artes y las causas sociales (los llamados *socialites*), ese período en que "ardíamos con las llamas, con ideas ardientes, con una pasión para crear y un espíritu aventurero para triunfar", afirma de Acosta (*Here* 67). Entre 1920 y 1935 estuvo casada con el adinerado pintor retratista Abram Poole, pero dicho matrimonio —práctica común entonces entre sus pares— no significó que ocultara ni renunciara a sus relaciones homoafectivas.

Gracias a la recomendación de Marbury, a su incipiente fama literaria y a una amplia red de amigos famosos de New York y Europa, busca continuar su carrera literaria —ahora como guionista de cine— en Hollywood en 1931. Y aunque por numerosas razones dicho proyecto se frustró, sus años californianos son fundamentales para entender su impacto en el panorama cultural de la época.[3] Según Patricia White, fue una mediadora entre la cultura *literaria* y la popular, "un prisma a través del cual se refractó —creando nuevos estilos de femineidad y sexualidad— un proyecto conjunto de elevada modernidad y cultura de masas" (231-232. Énfasis suyo). A su saga sentimental se añaden ahora Greta Garbo, Marlene Dietrich y Ona Munson. No extraña entonces que lograra gran visibilidad al aparecer con frecuencia en "tabloides que enfatizaban su temperamento *artístico*, su españoli-

---

[3] Sobre sus vínculos con The Sewing Circle de Hollywood, véase Axel Madsen.

dad y sus inflexiones de masculinidad. Se volvió famosa en una época en que la fama y el lesbianismo estaban siendo redefinidos por Hollywood", sigue diciendo White (232. Énfasis suyo).

En 1943, de Acosta pasa unos meses en New York para trabajar como editora asociada de la revista *Tomorrow*, dirigida desde 1941 por Eileen J. Garrett con una especial atención, entonces, al trágico momento bélico internacional. Los números 7, 8, 9 y 10 (marzo a junio) del volumen 2 (1943) dan cuenta del paso de Mercedes de Acosta por la revista,[4] y no parece ser coincidencia que a su entrada aparezca un número (vol. 2, no. 7, marzo 1943) dedicado a autores y temas latinoamericanos, ya que, según Schanke, de Acosta tuvo una encomiable participación en la confección del mismo (145-146). Además de reseñar allí la *Anthology of Contemporary Latin-American Poetry* (1942), de Dudley Fitts, traduce al inglés varios de los textos incluidos, entre los que sobresale el poema pro-republicano español y pro-soviético de Pablo Neruda titulado "7 de Noviembre: Oda a un Día de Victorias" (1941), el cual ya había sido traducido e incluido por Fitts en su antología (310-315).[5] A su traducción, de Acosta la titula "Seventh of November: Ode to a Day of Victory [sic]" (vol. 2, no. 7, marzo 1943, pp. 31, 33). En particular, el tema español del poema (conmemorar el quinto aniversario de la Defensa de Madrid) le atañía en lo personal a de Acosta: "Day of Spain from which the south wind/ blows, valiant day/ of hardy plumage/ drawing from there/ the last one who falls with bruised brow/ yet with mystic fire on his lips" (31). Aunque disfrutó mucho esta breve estancia neoyorquina como editora y traductora literaria, de Acosta extrañaba

---

[4] Antes de ser editora asociada, de Acosta había publicado en *Tomorrrow* su artículo "Study in sainthood" (vol. 1, no. 9, mayo 1942, pp. 37-40) y su reseña a *The Gospel of Sri Ramakrishna* (vol. 2, no. 5, enero 1943, pp. 52-53).
[5] Poco después, de Acosta publica en *Tomorrow* su artículo "Holy India" (vol. 2, no. 9, mayo 1943, pp. 44-47).

su ambiente californiano y decide regresar "a Napoli Drive" (*Here* 322).

Los últimos años de su vida los pasa, sin embargo, en New York, en una creciente penuria económica. En 1960 publica *Here Lies the Heart*, "importante documento histórico y social" (Schanke xviii) no sólo por su vasta información sobre figuras y redes prominentes del ambiente sociocultural estadounidense y europeo de su tiempo, sino también por su descripción del trasfondo homosexual y bisexual asociado al mismo (Cohen 176). La revelación pública, con nombres y apellidos, de todo ello le trajo serias consecuencias personales a la autora. Con excepción de este libro, después de 1929 Mercedes de Acosta no publicó ni escribió nada significativo: su temprana promesa literaria "nunca se materializó", concluye su mejor estudioso (Schanke 173). Recientemente, la figura y la obra de la autora han servido de inspiración a varios creadores; valgan como ejemplos las piezas teatrales *Mercedes* (2000), de Christie Ryan, y *Garbo's Cuban Lover* (2001), de Odalys Nanin; el documental *Mercedes: Here Lies the Heart* (2001), de Melissa Pearl Friedling; la composición musical *Raving Beauty* (2011), de Joseph Hallman; y la novela *Greta Garbo: la mujer que más amé* (2016), de Armando G. Muñoz.[6] Su archivo personal se encuentra en el Rosenbach Museum and Library (Filadelfia), así como en la Georgetown University Special Collections Research Center (Washington, D.C.).

---

[6] Hay un marcado interés por de Acosta en las redes sociales, según puede verse en YouTube y en su página de Facebook administrada por Jamie Hicks Tiernan. En la biblioteca de Harvard University (Boston) existe un autodenominado "drama en cuatro actos inspirado en personajes reales" que se titula *Duelo entre titanes: Mercedes Acosta* [sic], *Greta Garbo, Isadora Duncan y Gertrude Stein* (s.c., Puerto Rico: Patronato del Teatro, 2007), de Antonio J. Molina. Según la información bibliográfica en línea, el documento consta únicamente de ocho páginas, de las cuales hemos podido consultar seis (tres de estas son sólo ilustraciones). Molina llama "acto" a lo que en realidad son escenas brevísimas.

2. Una poeta en medio de la experimentación modernista estadounidense

Como indicamos, vive Mercedes de Acosta en una agitada época de incesantes innovaciones de todo tipo, así como de gran energía creativa. Ideas inusitadas hasta entonces permean la sociedad; y movimientos artísticos como el Cubismo, el Fauvismo, el Constructivismo, el Futurismo, el Dadaísmo, el Expresionismo y el Imagismo, entre otros, se colocan a la vanguardia de los cambios ideoestéticos y expanden una influencia contagiosa entre los creadores, quienes comienzan así a cuestionar y a reinventar el sentido de su arte y de sus formas de expresión.

En 1918, tras la Primera Guerra Mundial, comienza el "Siglo Estadounidense", llamado así porque los tradicionales centros europeos de cultura como Londres y París comienzan a ser desplazados por New York. Es una época de transformaciones en la que un grupo de poetas estadounidenses tendrá un peculiar protagonismo en el escenario literario internacional. El "Make it new!" de Ezra Pound, eficaz promotor del movimiento modernista, alienta a T.S. Eliot a escribir *The Waste Land* (*La tierra baldía*), uno de los poemas más innovadores del siglo XX. Otros autores que cambiaron el panorama de la poesía estadounidense en las primeras décadas del siglo XX fueron Marianne Moore —con su precisión lingüística y su aguda observación de lo que la rodeaba—, H.D. (Hilda Doolittle) —representante del Imagismo— y William Carlos Williams, quien exalta lo cotidiano en sus versos y le da así un nuevo valor a la realidad circundante. Relevantes son las peculiaridades modernistas de Robert Frost en su representación de la naturaleza cruel del universo, así como los hallazgos expresivos de Hart Crane, cuyos puentes poéticos entre diferentes períodos y autores lo llevan a celebrar a Whitman y escribir sobre los veloces cambios de la nueva era.

Mercedes de Acosta publicó solamente tres poemarios: *Moods* (*prose poems*) (1919, con introducción de

Charles Hanson Towne), *Archways of Life* (1921) y *Streets and Shadows* (1922) —aquí traducidos como *Mudanzas, Arcos de vida* y *Calles y sombras*, respectivamente—. Como poeta fue relativamente bien acogida por la crítica, la cual vio en ella una figura prometedora. Así lo atestiguan la reseña de Towne a *Moods* en *Vogue* (1920), así como su introducción al poemario; las palabras de *New York Tribune*, de William Curtis (en *Town and Country*) y de Max Eastman que aparecen en la cubierta original de *Archways of Life*, y las siguientes tres reseñas aparecidas en la prestigiosa revista *Poetry: A Magazine of Verse*: de Harriet Monroe a *Moods* ("A score of first books", 1921) y a *Archways of Life* ("A poet in embryo", 1922), y de Marjorie Allen Seiffert a *Streets and Shadows* ("A warm-hearted book", 1924). Según Lisa Szefel, Mercedes de Acosta recibió el ambicionado respaldo del afrodescendiente William Stanley Braithwaite, fructífero promotor, bibliógrafo y comentarista de poesía estadounidense (incluida la escrita por mujeres) durante las tres primeras décadas del siglo XX (Szefel 582, nota 38).[7]

Bajo el título de "Through windows", de Acosta publicó en *Poetry: A Magazine of Verse* (vol. 17, no. 4, enero 1921, pp. 185-187) los poemas "To Vouletti", "Lumbermen", "Unreality" y "Soiled hands",[8] junto a poetas de la talla de William Carlos Williams, Edgar Lee Masters, Mortimer Adler, Mary Austin y el irlandés Padraic Colum. Antes de ella, habían aparecido ya en dicha revista —mayormente dedicada a la poesía en lengua inglesa (estadounidense, inglesa e irlandesa) escrita por hombres y mujeres—, Eliot, Frost, Carl Sandburg, Amy Lowell, William Butler Yeats, Wallace Stevens, Edna St.

---

[7] Según Szefel, Braithwaite fue el "primer antólogo nacional de poesía" (567). Para muchos, sus *Anthology of Magazine Verse* publicadas entre 1913 y 1929 constituyen una institución nacional.

[8] Los tres últimos poemas aparecen en esta compilación bajo el título de "Madereros", "Irrealidad" y "Manos húmedas", respectivamente. Braithwaite incluye "Unreality" en su *Anthology of Magazine Verse for 1921* (New York: Schulte, 1921, pp. 36-37).

Vincent Milley, Robert Graves, D.H. Lawrence, Vachel Lindsay y los imagistas H.D., John Gould Fletcher y Pound, quien fue corresponsal de *Poetry* en el extranjero. Hasta Rabrindranath Tagore colaboraba frecuentemente en ella con sus propias traducciones del bengalí al inglés. En su autobiografía (86), de Acosta expresa su admiración por el trabajo editorial de Harriet Monroe al frente de *Poetry*, revista que Monroe fundó en 1912 y editó en Chicago hasta su muerte en 1936.[9]

Tras su tercer poemario, de Acosta reaparece en *Poetry* con "Spring sounds" y "Offerings" en abril de 1925 (vol. 26, no. 1, pp. 16-17), y con "In New Mexico" en junio de 1931 (vol. 38, no. 3, p. 143). Por su propia decisión fue este su último poema original publicado en vida. Confiesa la autora que para esa fecha sintió "que ya había demasiados poetas menores en el mundo": "decidí escribir poemas para mí misma, pero nunca más para publicarlos" (*Here* 135). Por eso Schanke recoge en su libro (106-117, 127-131) varios poemas inéditos hallados entre sus papeles personales. No sabía entonces de Acosta que la misma tierra novomexicana que inspiró "In New Mexico"[10] sería la que ahora nos convoca no sólo a traducir sus poemas a su lengua materna y paterna, sino también a publicarlos.

En las mejores imágenes poéticas de Mercedes de Acosta —principalmente las de *Calles y sombras*— hay un intento de experimentación modernista en lucha con la tradición. En varios poemas suyos resulta novedoso un estilo cortante, de galopantes frases sueltas, como truncas o inconclusas en medio de una puntuación ocasionalmente errática; un estilo en que los modificadores de verbos y sustantivos apuntan incisivamente a lo geomé-

---

[9] A 1912 se le llamó "el año lírico" debido al renacido interés de los lectores estadounidenses de entonces por la poesía (Szefel 567). Sobre la rivalidad entre Monroe y Braithwaite en cuanto a la promoción de poesía dentro de los Estados Unidos a inicios del siglo XX, véase Szefel (575-577).

[10] "EN NEW MEXICO: En esta vasta tierra silvestre/ has vivido tanto en mi mente/ que tu imagen quedará sin duda/ grabada por mis pensamientos para siempre/ en estas rocas, en esta planicie;/ trazada como una espada de estrellas/ a través del cielo."

trico, a inesperados ángulos de visión, a vanguardistas combinaciones de color, a entes en constante movimiento. Parece que la autora quisiera transferir los hallazgos imagistas, cubistas, expresionistas y futuristas, así como el cromatismo fauvista, a sus descripciones. De forma destacada ilustran dicho estilo en esta compilación sus poemas sobre New York. Pero en medio de la habitual fascinación por los altos edificios modernos, la pujanza económica, las hormigueantes muchedumbres cosmopolitas y el dinamismo de la ciudad ("Canción de la Quinta Avenida", "Manhattan"), de Acosta se detiene a observar e implícitamente cuestionar los asuntos menos glamorosos de la urbe: la pobreza, los trabajos duros, la inmigración, las diferencias sociales y raciales entre los barrios, el citadino ruido ensordecedor y la soledad del individuo. En "Asomados a las ventanas", "Jornaleros", "Ciudad extraña", "Maternidad" y los dos poemas titulados "New York", de Acosta incluye entonces un tono humanamente desgarrador en su poetización de la gran jungla de acero y sus habitantes reales.

En "Atlantic City" critica, además, el consumismo a que puede llevar, en cualquier tipo de sociedad, un desaforado progreso material no orientado hacia lo espiritual. Y no podía faltar en este contexto un poema celebratorio a Whitman, quien está presente también en otro libro fundamental dentro de la vasta bibliografía poética sobre dicha ciudad: *Poeta en Nueva York* (1929-1930, publicado en 1940), de Federico García Lorca, escrito y publicado 18 años después de *Streets and Shadows*. Y al igual que de Acosta, está en New York al inicio de los años veinte la puertorriqueña Clara Lair (1895-1973), quien entonces escribe, aún bajo la tutela del posmodernismo latinoamericano, su colección "Un amor en Nueva York" (1920-1928, publicada en 1979): "Era un grupo de hombres, secos, apresurados,/ que hablaban de petróleo, de acciones y de agentes (...)/ Sin gestos, sin miradas, sin voz y sin sonrisa/ cruzaban el pasillo los hombres de la prisa" (3).

3. Una voz que ahora emigra al español

Para esta primera amplia compilación de la poesía de Mercedes de Acosta en traducción al español hemos priorizado los siguientes temas de su obra: la reflexión existencial, que incluye la libertad espiritual de su ser ("Tiempo", "Torbellino", "Insaciable", "Un pájaro es como la Libertad", "Imposeída", "Huellas"), la inquietud religiosa ("La Mano de Dios", "Fe", "La fe perdida"), la búsqueda de aceptación personal ("A una que ama las joyas", "Pétalos marchitos", "Bravata", "¿Soy acaso yo misma?", "Un sueño"), sus experiencias homoafectivas ("Sentimientos heridos", "Manos sucias", "Descanso", "Enamoramiento", "Magia"), la creación poética ("Poesía") y, en particular, la ciudad de New York en tanto que contradictoria metrópolis moderna.

Por considerar que su tercer poemario es el más logrado, hemos adoptado un criterio cronológico regresivo: de *Calles y sombras* a *Arcos de vida* para terminar con los poemas en prosa de *Mudanzas*. No quisiéramos que este criterio le impida al lector percibir que el primer poema de su primer poemario, *Mudanzas*, es, de cierta forma, un acto de "Fe", mientras que el último poema de su último poemario, *Calles y sombras* —publicado a sus 28 años—, explícitamente se titula "La fe perdida". Por otra parte, respetamos el orden en que los poemas seleccionados aparecen en el libro original.

Debemos señalar que, aunque habla un "inglés impecable" (Sreitmatter 91), la poeta utiliza en sus poemas una lengua muy peculiar (y objetable, para un purista)[11]

---

[11] En su reseña a *Archways of Life*, Monroe ("A poet" 345) apunta los "descuidos" gramaticales de la autora y, aunque Monroe "puede" aceptar lo que "todos nosotros [léase los angloparlantes] hacemos" (usar *will* en vez de *shall*), rechaza su frase "the maddest of we three" del poema "We three", la cual hoy día veríamos como reveladora de un inglés permeado por el español de una hija de inmigrantes. También la editora asistente de *Poetry*, Alice Corbin Henderson, en carta de 1916 a Monroe desde su casa en New Mexico, halla reparos en otra modalidad del inglés de la época: según ella, el "oscurecido" (*darky*) in-

en cuestión de vocabulario, estructuras sintácticas, puntuación, frases y hasta muletillas de transición: errático y excesivo es su empleo del gerundio y el guion largo; simplificadores resultan sus repetitivos *but* (pero), *and* (y), *then* (entonces) y *while/as* (mientras). En varias ocasiones rompe extrañamente con modelos idiomáticos ingleses y, desatendiendo estructuras retóricas legitimadas por la práctica de poetas anteriores o contemporáneos a ella, aboga por un coloquialismo que puede confundirse con lo meramente declarativo, con un "lenguaje simple y directo" (Meadows 319) cercano al prosaísmo, así como con un relativo despojamiento metafórico. Con relación al lenguaje, entonces, los tres traductores hemos trasladado fielmente al español, en algunos poemas, las apuntadas peculiaridades estilísticas de la autora; pero en otros poemas hemos preferido evitar sus giros y rasgos menos felices en aras de una versión española más depurada y —diríamos— autónoma. Con excepción de "Ternura", "Sentimientos heridos", "Tiempo" y "Torbellino", traducidos principalmente por el poeta cubano Joaquín Badajoz, los 42 poemas restantes fueron traducidos por Jesús J. Barquet y Carlota Caulfield (JJ/CC). Agradecemos a Jeff Longwell por sus valiosas recomendaciones finales a estas traducciones.

Respecto a su experiencia con la poesía de la autora, Badajoz apunta lo siguiente: "Dos de los personajes aún fascinantes, cinematográficos y escandalosos de la literatura de la primera mitad del siglo XX que tuvieron algún vínculo con Cuba fueron Mercedes de Acosta y Anaïs Nin. De las dos, de Acosta sigue siendo la más desconocida y misteriosa, en parte porque su biografía amorosa opacó a su discreta literatura, y porque su obra, escrita originalmente en inglés, antes de esta edición sólo contaba con escasas y puntuales traducciones. De Acosta alcanza intensidades líricas en inglés que, al volcarse al español, pueden perder parte de su esplendor o trasta-

---

glés de dos afrodescendientes: un adolescente anónimo y el influyente Braithwaite (Szefel 575-576).

billar con alguna que otra redundancia, repetición o cur-
silería, que en aras de la traducción literal hemos mí-
nimamente amortiguado. Sobre todo porque su poética,
que es bastante distinguible, arrastra un sino romántico y
nihilista que la inclina a enfatizar las descripciones emo-
cionales, como si todo el universo pasara antes por su
corazón. Otro aspecto importante es que prefería el verso
libre, de ahí que, en su introducción a *Moods*, Towne
defina los textos del libro como viñetas o fragmentos
inclasificables que 'no son poesía; pero contienen una
prosa extremadamente sonora, de persistente calidad y
misterioso aliento, como si un fantasma entrara en un
jardín. Son extraños, pero también humanos' (en de
Acosta, *Moods* 1. Traducción de Bajadoz)", resume Badajoz.[12]

Limitamos este volumen a la publicación de los poemas en español ya que, en caso de que el lector se interese
por los originales en inglés, los tres poemarios de Mercedes de Acosta están disponibles de forma gratuita en el
catálogo en línea de la Library of Congress (Washington,
D.C.). Tanto en el título de cada poema como en el índice
indicamos la correspondencia entre la versión española y
la inglesa.

Queda, pues, en manos de los lectores esta selección
de 46 poemas de Mercedes de Acosta como un homenaje
a una poeta hispana de los Estados Unidos cuya vida
privada —a saber, sus vínculos personales con mujeres
extraordinarias— sobrepasó en el interés público a su
obra poética, aunque esta o partes de esta, como las refe-
ridas a la experiencia urbana moderna y a la homoafec-
tividad, pueden despertar hoy en día un interés especial.

---

[12] Sobre la dudosa condición poética de *Moods* afirma Monroe lo
siguiente: "Las breves meditaciones de Mercedes de Acosta sobre la
Memoria, la Fe, el Amor, la Alegría, etc., aparecen en líneas quebra-
das, pero esa es la única indicación que ofrecen de un intento de ritmo
poético. Hay un sentimiento genuino en estas pequeñas viñetas huma-
nas; a menudo se presenta vívida y gráficamente una situación, pero,
¿por qué confundir la cuestión con un disfraz de verso?" ("A score"
283).

Esperamos que este libro contribuya a la difusión de su poesía, la cual no está presente en numerosos textos (antologías, manuales, ensayos, diccionarios...) canónicos sobre la cultura hispana de los Estados Unidos.

Obras consultadas

Bainbridge, John. *Garbo*. New York: Doubleday, 1955.

Bianchi Ross, Ciro. "La amante cubana de Greta Garbo." *Barraca Habanera* (3 de octubre 2009). Consultado el 10 de julio 2016: wwwcirobianchi.blogia.com/ 2009100302-la-amante-cubana-de-greta-garbo.php.

Cañas, Dionisio. *El poeta y la ciudad. Nueva York y los escritores hispanos*. Madrid: Cátedra, 1994.

Cohen, Lisa. "Fantasia on a theme by Mercedes de Acosta." *All We Know. Three Lives*. New York: Farrar, Straus and Giroux, 2012. 149-194.

De Acosta, Mercedes. *Archways of Life*. New York: Moffat, Yard, 1921.

---. *Here Lies the Heart*. New York: Reynal, 1960.

---. *Moods (prose poems)*. Intro. Charles Hanson Towne. New York: Moffat, Yard, 1919.

---. "Offering." *Poetry: A Magazine of Verse* 26.1 (abril 1925): 16-17.

---. *Streets and Shadows*. New York: Moffat, Yard, 1922.

---. *Women in Turmoil. Six plays*. Ed. Robert A. Schanke. Carbondale, IL: Southern Illinois U, 2008.

Fitts, Dudley, ed. *Anthology of Contemporary Latin-American Poetry / Antología de la poesía americana contemporánea*. Norfolk, CT: A New Directions, 1942.

Lair, Clara. *De la herida a la gloria: la poesía completa de Clara Lair*. Ed. Mercedes López-Baralt. 2da. ed. Carolina, PR: Terranova, 2003.

Madsen, Axel. *The Sewing Circle. Hollywood's Greatest Secret: Female Stars Who Loved Other Women*. Secaucus, NJ: A Birch Lane, 1995.

Meadows, Joy (JM). "Mercedes de Acosta." En Nicolás Kanellos, ed. *Herencia. The Anthology of Hispanic Literature of the United States*. Oxford, NY: Oxford UP, 2002. 319.

Molina, Antonio J. "Mercedes Acosta [sic]." *Mujeres en la historia de Cuba*. Miami: Universal, 2004. 14.

Monroe, Harriet. "A poet in embryo." Res. a *Archways of Life*. *Poetry: A Magazine of Verse* 19.6 (marzo 1922): 345-346.

---. "A score of first books." [Incluye nota sobre *Moods*]. *Poetry: A Magazine of Verse* 17.5 (febrero 1921): 276-287.

Poetry: A Magazine of Verse. Ed. Harriet Monroe. Chicago, 1912-1936.

Ruiz, Vicki L. y Virginia Sánchez Korrol, eds. "De Acosta, Mercedes." *Latinas in the United States: a Historical Encyclopedia*. Vol. 1. Bloomington, IN: Indiana UP, 2006. 189-190.

Schanke, Robert A. *"That Furious Lesbian". The Story of Mercedes de Acosta.* Carbondale, IL: Southern Illinois U, 2003.

Seiffert, Marjorie Allen. "A warm-hearted book." Res. a *Streets and Shadows. Poetry: A Magazine of Verse* 23.4 (enero 1924): 222-224.

Streitmatter, Rodger. "Greta Garbo & Mercedes de Acosta. 1931-1960. Making Hollywood the celebrity capital of the world." *Outlaw Marriages. The Hidden Histories of Fifteen Extraordinary Same-Sex Couples.* Boston: Beacon, 2012. 87-97.

Szefel, Lisa. "Beauty and William Braithwaite." *Callaloo* 29.2 (primavera 2006): 560-586.

Towne, Charles Hanson. Res. a *Moods. Vogue* (15 de marzo, 1920): s.p.

Vickers, Hugo. *Loving Garbo. The Story of Greta Garbo, Cecil Beaton and Mercedes de Acosta.* New York: Random House, 1994.

White, Patricia. "Black and White: Mercedes de Acosta's glorious enthusiasms." *Camera Obscura* 15.45[3] (2001): 227-264.

De *CALLES Y SOMBRAS*
[*Streets and Shadows*, 1922]

Este es un libro difícil de reseñar porque nos gusta la franqueza casi infantil de la autora y la sencilla ingenuidad de su estilo, y las encontramos refrescantes, pero no podemos decir que el libro sea mucho más que una promesa. A su favor aduciríamos que la autora es convincentemente sincera, que escribe sin afectación de estilo, y que no padece de autocomplacencia. Su método es la descripción, lograda usualmente a través del contraste agudo, y su tema favorito es 'ricos y pobres'. (...) De Acosta es una cálida [observadora] y nos conquista con su aguda compasión. A veces, hay una nota agradable de percepción que resuena más profundamente que su usual nota tenue de cosas observadas al pasar. (...) En los poemas íntimos se atisba un espíritu vívido, aún no totalmente maduro ni articulado. Nada justificaría decir: "Hasta aquí llega ella; estos son sus límites." *Streets and Shadows* es más una promesa que un logro, pero contiene color, movimiento, emoción y una abarcadora visión individual.

Marjorie Allen Seiffert

CANCIÓN DE LA QUINTA AVENIDA
[Song of the Fifth Avenue]

Una vía larga y estrecha
Dibujada como una hebra a través del corazón
De la ciudad.
Avenida de ricos, de pobres—
Que vibra de color—
Que oscila con la humanidad
Que le marca el compás al pulso de la Vida,
Sofocada por la presión de la Vida,
Aplastada—pisoteada con fuerza
Por desbordantes flujos de Vida.

¡Quinta Avenida!
Escribiré tu canción con repiqueteo y estruendo,
Con estrépito de pisadas,
Ruido interminable, infinito.
Escribiré tu canción con dolor—alegría,
Con nacimiento—muerte,
Con creación—destrucción,
Con belleza y fealdad.
Cantaré tu canción a pesar de las tradiciones,
Indiferente a toda tradición.
Cantaré tu canción de razas, de credos
Disueltos en uno—
Cantaré tu canción
Con risa—ironía—desesperación.
Mi música vendrá de todas las épocas
Y a todas ellas alcanzará—
Así como tú has venido de todas las épocas,
De todos los pueblos;
Y con la esbeltez de tu cuerpo
Y la magia de tu voluntad
Has marcado a todos ellos.

Washington Square—
Arco blanco que se eleva como el fantasma

De difuntos de antaño;
Recuerdo de flores fragantes—encajes antiguos—
Cascabeleo de campanas y muchas huellas
De belleza, amor y sueños.
Ahora sólo un arco, pero una cruz brilla
Sobre un viejo edificio marrón.
Washington Square—
Símbolo del Pasado,
Genitor de la hebra larga y estrecha
Hilada desde tu corazón.
Involúcrate ahora
Y atiende de cerca a las aceras y a los años.

Mira el cansado estrépito
De los sudorosos trabajadores cuando salen a almorzar;
Mira cómo se desalojan edificios
Donde una vez hubo hogares;
Suecos, armenios, eslavos llegan a caudales
Y, absorbiendo el aire por una breve hora,
Se mezclan con la multitud entre el mal olor y sudores.
En una esquina se abre una flor
Que lleva en una cesta un italiano
Empujado rudamente por un policía irlandés
Que llama a todos "un puñado de judíos apestosos".
Entonces, más arriba, yo canto—
Más allá de tiendas fabulosas—fabulosos bancos,
Ropas de todo tipo—
Zapatos, vestidos, abrigos, corsés,
Judíos, gentiles en apretujado enjambre
Se abren paso al cruzar la Avenida.
Y sobre todos ondea la bandera.
¡En tiendas con nombres franceses, alemanes, italianos
Cuelga la Gran Bandera Americana!

La calle 42—
Como un extraño animal mecánico
Que abre su enorme mandíbula
Y al sonido de un agudo silbato
Escupe con fuerza grandes masas de Vida.

Millones de gentes se precipitan sobre
La columna vertebral de la Avenida
Y llaman al sistema "civilización".
Mientras que empinados edificios surgen
Amenazadoramente hacia lo alto,
Donde una vez hubo esbeltos árboles primigenios
Y cantos de pájaros llenando el aire
En lugar de silbatos de policía.
Pero he dicho que cantaré tu belleza también;
Por lo que recuerdo aquí tu magia
A la hora del crepúsculo,
Tus edificios blancos como el alado vuelo de los pájaros,
El parpadeo de tus miles de ventanas
Como estrellas en la noche.
Y de día,
Los destellos del sol sobre tu rostro;
Colores deslumbrantes—motores—verdes autobuses—
La Vida—la vida en su camino
Hacia la muerte. Pasa un entierro,
Un pobre pide limosna, un niño ríe a carcajadas,
Pero como hormigas sobre los altos céspedes,
Siguen su camino, nadie les presta atención.

Entonces, las iglesias—todos los credos—
(Escoge uno),
Todas las agujas de campanario apuntan al cielo,
Todas tratan en vano
De mostrarnos el paraíso.
Mientras en la calle los pordioseros
Se reúnen sin hogar.
Entonces, las mansiones copiadas de tierras foráneas:
Chateaux franceses, palacios italianos,
Mientras dentro de grandes planchas de vidrio
Las pinturas de los viejos maestros miran hacia afuera,
Solemnemente contemplan el nuevo mundo.
Entonces, más arriba, más casas de ricos,
Mansiones de banqueros judíos—políticos adinerados,
Todos abarrotados de oro y de comida,
Mientras sentados al otro lado del parque se encuentran

Viejos mendigos desgastados, exhaustos
De andar hambrientos.
Más arriba, desde el hospital Monte Sinaí
El cloroformo inunda la brisa,
Y en el parque, desde los árboles,
El perfume de las flores.
Entonces, más lejos aún, "El Barrio de los Negros",
Caras negras y mulatas
Se asoman a las ventanas y se apiñan en las calles.

De esta forma, la larga y estrecha hebra
Se estira—se estira—se dobla
Y finalmente termina.

La Quinta Avenida termina y con ella mi canto;
Pero sobre su pavimento la sangre de la Vida
Continúa fluyendo.

NEW YORK

Edificios infinitamente altos
Con esqueletos de acero—
Puntiagudas—rectangulares—grotescas azoteas—
Miles de ventanas
Como cadenas de ojos
Siempre vigilantes—siempre condenando.
Largas hileras de avenidas—
Horribles calles rectas—
Ladrillos—desgastados rojos y amarillos—
Piedras—sucios blancos y pardos—
Flamantes letras y carteles sobre todas las cosas.
Y entonces, ruido—ruido—ruido—
Ruido metálico de tranvías,
Rugido de trenes elevados,
Zumbido de motores,
Pies arrastrándose—
Gente—gente—gente
Distorsionado congestionamiento de humanidad—
Mas por encima de todo una odiosa soledad—un vacío—
Y en todas partes—sufrimiento . . . sufrimiento . . .

DESCANSO
[Rest]

Recostada estás en el umbral de la puerta—
Tu amuchachada y esbelta figura
Enmarcada en el arco—
Expulsando las sombras,
Creando un semi-halo en torno a tu cabeza—
Como alas de mariposas fantásticas
Sobre tu rostro.

Entonces, nosotras dos
Entramos en la casa—
Chisporroteante, la lumbre
Incandescente nos da la bienvenida—
Con intimidad, los cosas familiares
Se apiñan alrededor y sobrepasan
Nuestras voces—
Mientras, en tus ojos se aloja una ternura
Que crea otro calor dentro de la habitación.

Entonces nosotras bajándoles la luz a las lámparas—
Yo deslizándome hacia la cama—
Tú entrando en mi cuarto, diciéndome
"¿Hasta dónde te abro la ventana?"
Luego, te inclinas hacia mí, me besas
Y ya en la puerta te volteas—
Tus ojos brillando en su visión—
Y con tu fuerte mano morena
Me lanzas un beso de buenas noches.
Entonces yo me sumerjo de nuevo,
Sabiendo que voy a saborear un descanso
¡Impronunciablemente dulce!

UN PÁJARO ES COMO LA LIBERTAD
[A bird is like Freedom]

Hermosas son las banderas
cuando se tersan y restallan al viento,
pero yo digo que la Libertad es más hermosa
y no como las banderas,
que están siempre sujetas, restringidas.
Hermosos son los árboles, las rocas, los valles,
las montañas, las flores,
mas no son tan hermosos como la Libertad,
y atados están a raíces y a la tierra.
Pero yo digo que un pájaro sí es como la Libertad
—veloz, hermoso, leve—,
que, al remontarse en el cielo,
tal vez perezca en las grandes alturas,
pero muere de su propio libre albedrío.

ASOMADOS A LAS VENTANAS
[Leaning out of windows]

Escuálido cuarto oscuro—
manchado y en jirones el papel de pared
con una rota imagen barata
colgando torcida.
Olor a sopa grasienta—de col—
y una tetera de estaño
débilmente escupiendo
desde una pequeña estufa
de la que se escapan vapores de gas
que sofocan todo el ambiente.
Una cama en desorden—
debajo de la sábana sucia
tres niños grasientos—las sienes húmedas—
gimoteando de fiebre,
espantando moscas y mosquitos.
Asomados a la ventana,
atendiendo al reciente chillido del tren elevado,
los padres miran fijamente a la calle.
Sacan tanto su cuerpo al asomarse
que parecen acróbatas expertos,
y es que asomarse tanto a las ventanas
les da equilibrio
y olvido.

MANHATTAN

De buen provecho resultan
las tradiciones y la historia
que tienen las ciudades extranjeras.
Juventud es lo único que tú posees,
pero yo amo tu juventud
y lo diverso de tu perfil
delineado contra el cielo,
y tus pies —siempre húmedos—
metiéndose sin prudencia entre las olas
del mar.

NEW YORK

Día

Casas frías y grises—horribles calles—
Hierro—acero—fango—
Edificios en ruinas—polvo—suciedad—
Tráfico congestionado
Como enjambres de hormigas poderosas
Paralizadas a la vez.

Noche

Mágica ciudad tocada por las estrellas
Con altísimos fantasmas portando velas.
Onírico espíritu con sombras de ónice
Y el beso de la luna sobre su rostro.

A MI MADRE
[To my mother]

Fuiste tan esencialmente tú misma,
Tan fiel a todo lo real, tocada
Por la belleza de cuerpo y alma,
Una flor rara de la Vieja España.
Sé, sin lugar a dudas,
Que no volveré a encontrar a nadie como tú.

MATERNIDAD
[Maternity]

En el barrio italiano del Lado Este,
una mujer se estremece de dolor al parir.
Chillan cuatro niños más en el cuarto,
mientras ella muestra un semblante
de desesperanzada resignación.
No le urge mejorarse porque todo
volverá a suceder.

En la parte alta de la ciudad
una mujer se estremece de dolor al abortar.
Le urge mejorarse y nunca
volverá a suceder.

JORNALERO
[Day laborer]

Hombros macizos
De músculos abultados,
Una camisa rojo brillante
Que sobresale cual herida escarlata
Atravesando el pecho de la nieve.
Fáciles giros y manejo de la pala;
Cara y manos oscuras
Que proclaman cielos más cálidos.
Cara y manos oscuras,
Tristes —fuereñas— entre la blancura del Norte,
Y una voz y una tonada que cantan
Sobre las tierras del Sur.

FILATÉLICOS
[Stamp collectors]

(Avenida Marigny)

Sentados en sillas,
con el cuerpo encorvado y torcido
como ancianas tortugas en cuclillas
sobre rocas dentadas
están reunidos los filatélicos.
Viejos —niños pequeños—,
pintorescas mujeres —singulares niñitas mimadas
                    [de ojos melancólicos—,
todos jadeantes y absortos en sus negocios.
Por sus dedos se deslizan cuadritos de colores
—azul—verde—rojo—dorado—,
estampillas nuevas —descoloridas, viejas—
y otras excesivamente raras.
Furtivos se mueven
los filatélicos
y con ojos lascivos observan
las apuestas de sus vecinos,
mientras de vez en cuando cae
revoloteando entre ellos —sin que lo adviertan—
una estampilla al piso,
exudando el aliento de lo extranjero
y el romance de países lejanos.

CIUDAD EXTRAÑA
[Strange city]

Oh, ciudad extraña.
Ciudad en la que soy una extraña.
Desde lo alto de esta ventana
Inclino hacia abajo mi vista
Y observo el contorno de tu rostro
Apisonado contra el cielo nocturno.
Veo una torre que se alza en la distancia,
Pálida, delgada, con desmayada luz parpadeando
Desde sus ojos,
Como una mujer cansada,
Desgastada por la constante algarabía
De voces que no entiende.
Veo un reloj cuya fantasmal esfera de plata sobresale
—Deambulan por la esfera delgadas manecillas,
Se siente el soplo del tiempo que se escurre
Entre sus dedos—.
Veo techos oscuros
Como escarabajos en cuclillas,
Y calles interminables
Desdibujándose en la noche.
Entonces, lejos, al fondo, en la distancia,
Se asoma una esquina del mar.
Ciudad extraña con tu puerto, tus calles y tus casas,
Me siento sola. ¡Bríndame tu amistad!

BRAVATA
[Bravado]

Golpeando estás siempre con tu guante
El rostro de la Vida.
Osada, desafiante, con ojos enloquecidos
Aguardando a que te devuelvan el golpe.
En realidad,
No eres más que una criatura pavoneándose
Sobre el pequeño escenario de sí misma,
Mientras anhelas que alguien te ame.

¿ESTOY SOLA?
[Am I alone?]

Estoy sola, no obstante
siento que no estoy sola.
¿Cómo ignorar que me acosan
un centenar de espectros invisibles?
¿O que una difunta amiga del alma
está a mi lado, de hinojos,
tocando con sus labios mi mano
y en su mudez intentando decir mi nombre?

REALIDAD
[Reality]

Esta noche
hasta nosotras llegó la comprensión.
Por primera vez hemos emergido juntas
desde la bruma
y nos hemos convertido en seres reales
la una para la otra.
¡Ah, qué extraño!
La verja que oscila sobre esta realidad
encontró en tu mano un cuchillo
para lanzármelo.
Y se hundió en mi corazón
sin haber disminuido tu realidad,
pero ha esparcido sangre
sobre la que tal vez un día
yo resbale.

CAMARADA
[Comrade]

Qué lejos estoy ya de ser tu amante, tu querida.
Fue así cuando aún no entendía el Amor.
Ahora lo entiendo
Y por eso soy tu camarada.

¿SOY ACASO YO MISMA?
[Am I myself?]

El mundo pasa a través de mí.
Con silenciosa llave, todo lo que vive
abre la cerradura de mi alma y entra en ella.
A veces, mientras me siento a meditar,
pasa una sombra, cruza
por detrás de mi mente —una sombra
de alguna pena lejana—.
Estrujándome el corazón, siento esta pena
más que aquellos que primero la crearon.
Oh, torturada mente mía
que todavía es yo misma, aunque puede
adivinar la angustia de todos los demás;
mi mente que debe compartir día y noche
la tristeza del mundo y deleitarse
con placeres que no conozco.
¿Soy acaso otro ser? Si así fuera...
¿Soy acaso yo misma, o soy únicamente el viento
de todos los destinos que han sido y todavía serán
—vibraciones de penas y placeres
que se expresan a través de mí—?

INSACIABLE
[Insatiate]

No le temo al amor
ni a sus consecuencias.
Sólo temo que, al conocer el amor,
yo continúe insaciable
y mi alma anhele aún algo mayor.

NUESTRO REGRESO
[Our return]

Tras pasearnos sin rumbo,
hemos regresado de nuevo a tu casa.
Recuerdo la forma en que la vimos la última vez
—en una niebla fantasmagórica de manzanos en flor,
los húmedos labios de la primavera
apretados sobre tu rostro—.
Ahora hemos vuelto para ver el fruto.
Rojas manzanas —como flamantes crepúsculos—
tambaleándose en los árboles y cayendo a tus pies.

Así, en cuatro largos-breves meses
presencio la convulsa evolución en el cambio
de estaciones de tu vida.
Allí donde te vi recogiendo flores
te veo ahora dar fruto.

El fruto de la Verdad
y la belleza de una audacia comedida.

ENTIERRO
[Funeral procession]

Está pasando un entierro.
En el féretro
Yace el cuerpo de un hombre o de una mujer—
Ahora no importa el sexo—
Pues el alma comprensiva y sin sexo
Ha cogido su rumbo.
O quizá se encuentre entre nosotros
Y esté mirando al hombre que se quita el sombrero
Y con gran reverencia inclina la cabeza.

LA FE PERDIDA
[Lost faith]

Vacío está el confesionario.
Desgastado —suavizado—
en colores antiguos y gloriosos está el mármol
en el que se ha arrodillado el penitente.
A paso lento me acerco y admiro
el lugar en que también yo una vez me arrodillé.
Y con reverente cercanía
yo, que ya no creo,
me inclino y beso el mármol
adonde aquellos que todavía creen
vendrán a arrodillarse.

De *ARCOS DE VIDA*
[*Archways of Life*, 1921]

En cuanto a técnica poética, este libro muestra un claro avance con relación a *Moods*, aunque la mayoría de los poemas todavía dejen mucho que desear. La autora tiene ciertas dotes poéticas —un sentimiento agudo, un grado de penetración imaginativa y el anhelo de volcar su alma, de expresar lo bello y lo extraño de la vida, de entregarse. Dice lo que tiene que decir con una franqueza y una directa simplicidad. (...) Pero está apenas comenzando a aprender su oficio. (...) A veces utiliza rima —usualmente las rimas irregulares, parcialmente veladas, ahora tan en boga—, pero aún sin los aires de un adepto. (...) Sin embargo, mucho puede perdonársele a un libro como este, que revela una fresca y ardiente personalidad. Y uno espera que, después de unas cuantas experimentaciones más, el arte responda a su impulso.

Harriet Monroe

PÉTALOS MARCHITOS
[Faded petals]

¡Ven! Seamos amigos.
Arroja de ti el manto de la pasión.
(Lo has usado demasiado.)
Y aunque tu roce más leve
no me hace temblar ya,
no hay motivo
para no remontar juntos
nuestra cuesta
y llamarnos "amigo" el uno al otro
al final del ocaso.
Los rosales palidecen
pero tienen su primavera y su otoño;
igual pasa con el amor.
Pero con una rosa,
lo que hacemos es recoger sus pétalos marchitos
y guardar su fragancia en una caja de metal precioso.
¿Por qué no hacer esto también con el amor?
¿Y quién puede afirmar qué será más hermoso,
si una rosa al florecer o la fragancia de sus pétalos
al marchitarse?

Nota de JJ/CC: En el poema no hay ninguna indicación de que su destinatario sea hombre o mujer. Sin embargo, Schanke considera que probablemente la autora le escribió este poema a su esposo (56).

MANOS SUCIAS
[Soiled hands]

Tras irse todos,
era siempre tan maravilloso sentarme contigo
en el teatro a oscuras.
Había un misterio en ello,
como si el eco de muchas obras
perdurara todavía entre los pliegues del telón,
mientras fantasmales figuras se acurrucaban
en las lunetas y con manos vaporosas
hacían sonar los reprimidos aplausos.
¿Recuerdas cómo nos sentábamos siempre en silencio?
Yo cerraba los ojos para sentir tu cercanía más cerca.
Entonces, como un ritual, lentamente
yo tomaba tu mano
y tú reías un poco y me decías:
"Tengo las manos terriblemente pegajosas", o
"No logro mantener limpias las manos en este teatro",
como si eso importara . . . como si eso importara . . .

MADEREROS
[Lumbermen]

Veo a los madereros
subir la montaña serpenteando
entre las ramas del otoño.
Veo
las hojas doradas, rojizas, de fuego y verdes
entremezcladas con los destellos azul pálido
de sus overoles.
Frente a ellos,
de color marrón y blanco sucio,
los caballos de tiro
con gran esfuerzo se tambalean
al subir la montaña
cargando enormes y pesados
pedazos de madera.
Abajo en el valle,
puedo escuchar el eco de las tenues
maldiciones de los hombres
y el abrupto chasquido de los látigos
largos y afilados.

IMPOSEÍDA
[Unpossessed]

Nunca lograrán someterme
Ni comprender el verdadero secreto de mi ser.
Tal vez logren, con pasión y violencia,
Poseer mi cuerpo,
Pero mi alma
Siempre virgen
Vagará eternamente
¡Imposeída!

IRREALIDAD
[Unreality]

A través del cristal de la ventana
veo tu rostro
—su contorno un poco vago
en la penumbra de la sombra—.
Mas la blancura de tu piel
es como la vela de un impecable barco
que despunta en la oscuridad de la noche.
Y tus ojos
—los veo como dos vasijas de oro, con la luz
de un millar de rayos de luna propagándose
sobre ellos—.
Y mientras me pierdo en lo oscuro,
me pregunto si alguna vez te conocí en realidad
o si no existes en absoluto
y no eres más que una imagen fantástica
—distorsionada, febril— de mi mente.
Y tu ser irreal se apodera de mí,
como una niebla sobre un mar solitario.

MAGIA
[Magic]

Nosotras, que ayer fuimos primavera y vino y fuego
la una para la otra,
hoy únicamente somos dos seres humanos,
comunes y cansados;
tú vagamente celosa, y yo levemente aburrida. . . .
Pero mañana
o el día siguiente
tal vez la Magia regrese de nuevo,
y con ella la Primavera y el Vino y el Fuego.

Es por eso que vivo.

UN SUEÑO
[A dream]

Recuerdo cuando la luna derramó una corriente de oro
por todo el piso y tú viniste entre ella y tomaste mi mano
y me diste esperanza como un rocío de plata.
Recuerdo cuando tu contacto me enervó
y, de un chispazo,
me enseñó a soñar contigo,
y con temeridad vertí en mi corazón tu rostro
y te alojé allí
—antes de yo saberlo, te volviste
una parte de mí—.

Las dos nos hicimos, entonces, camaradas,
incluso antes de que este sueño tan extraño y reciente
se aferrara a mi agitada vida,
y desde el caos y la contienda enloquecedora
te llamé...

Y ahora no me respondes.

LA MANO DE DIOS
[God's Hand]

Déjenme errar por las montañas
y frente al mar vivir a cielo abierto
—por demasiado tiempo me han cargado
de engaños humanos y palabras mentirosas—.
Quisiera morir
lejos de pensamientos mezquinos
y conductas traicioneras,
y terminar mis días
sola.

No cantaré ningún triste lamento
por no tener una mano que me guíe,
pero la visión que una vez fui en soledad
me hará ser de nuevo lo que podría haber sido.
El ser que perdí porque confié, amé y tuve esperanzas,
y porque cegué mis ojos con el polvo de la fe
y agarré a tientas la verdad.

No hay verdad entre los humanos
—sólo la hallaré al asirme a la Mano de Dios,
para que conduzca mi camino
hacia los árboles y las colinas,
y acuñe Su Verdad sobre el mar—.
En el mundo natural encontraré mi vida,
entre la naturaleza esquivaré el cuchillo envenenado
que quiso asesinarme.
En la soledad respiraré el aliento de la vida,
y respirando la vida recibiré a la muerte.

PALABRAS
[Words]

Palabras, palabras.
¿Por qué estás siempre usándolas como espadas?
Y si tienes que hacerlo,
¿acaso no puedes usar algo más que
palabras?
¿Te acuerdas de anoche?
Hablamos tan atolondradamente
—de nuevo las palabras,
y entonces más palabras—.
Parecía todo una enmarañada red de palabras.
Tú tratabas de convencerme de algo
(sólo Dios sabe)
y yo, de responder con inteligencia
al defender mi opinión.
Pero repentinamente, de alguna forma,
nuestras palabras significaron muy poco;
entonces, te inclinaste
y tu rodilla tocó la mía
y después de eso mis pensamientos se empañaron
y nuestras palabras no significaron nada.

WALT WHITMAN

Me atrevería a decir que eres un superhombre.
Esparciría estas palabras por el mundo
y desafiaría a quien se atreviera a cuestionarlas.
Me saciaría con tu arte.
Pondría a un lado el talento de muchos
por el don de esos pocos
que tú has tocado.
En tu mano llevas una antorcha de luz;
en tu ser, un mensaje;
en tus ojos, una profética
visión clara y brillante.
Hay poder en tu aplomo,
y magia en tu ritmo, avance y espera.
Al beber de tu grandeza,
yo misma soy grande.

ENAMORAMIENTO
[Infatuation]

No es que pueda olvidar algún día
El encanto de tu rostro —a eso no le temo—,
Ni el rítmico balanceo de tu forma, ni tampoco
La melodía de tu voz, que tanto amaba escuchar.
Sé que de todas estas cosas me acordaré.
También recordaré la belleza de tus ojos
Y las enervantes curvas de tu boca carmesí,
Como tormentas de relámpagos y cielos luminosos
Que barre el viento y quema el sol ardiente del Sur.
Puedo recordar incluso todas las palabras
Prometidas y dichas,
Tus seductoras maneras de acariciar
Y los besos falsos que me diste;
Pero al recordarlo todo
No puedo dejar de albergar el temor
De que un día,
Olvidada ya de tu crueldad,
Yo regrese.

POESÍA
[Poetry]

Como una seductora mujer, frágil y bella,
que se tiende sobre el lecho de su amante
y le humedece los labios con deseo,
así tú, también,
te tiendes y estiras tu largo, magro cuerpo
de blancas extremidades sobre el lecho de la Vida,
y con tus atractivos labios
entonas dentro de mí tu rítmica, ondulante,
melodiosa y eufónica canción.
En vano
intento romper las cadenas de tu voz
y abandonarte,
pero, desde lejos y en lo profundo
de los extensos valles deshabitados y baldíos de mi alma,
siento tu aliento.
Eres como los verdes pastos cuando se ha vivido siempre
con el rostro pegado a la arena,
como enmohecidas rocas húmedas que refrescan,
como sombras de cipreses delgados sobre un manantial
iluminado por la luna,
como revueltas salpicaduras de espuma murmurando
sobre el insondable mar oscuro.
Todo eso me pareces.
En ti, oh poesía,
habita el poder de elevarme, de llevar,
con locura de frenética exaltación, mi espíritu
más allá de todo deseo mortal.
En ti, el poder de tañer
las cuerdas de mi corazón
y, temblando con tu música, esparcir para mi bien
singulares y abrasadoras palabras sobre mi mente;
de escuchar, además, tu ritmo
latiendo otra vez en mi alma.
En ti, el poder de derrumbarme
por mi deseo de crear un hijo tuyo

y tras infinitos esfuerzos y dolores de parto
hallarlo deformado, débil e indigno
de tu nombre.

ATLANTIC CITY

Casas vulgares
Y grandes hoteles grotescos,
Miles de gentes en tropel,
Sobrealimentados, repugnantes y gordos,
O pálidos y enfermizos;
Arrastrándose a lo largo del malecón
O empujados por negros sudorosos en rodantes
Casitas de pigmeos.
Tiendas llenas de ropa chillona
—Encajes baratos, joyas falsas,
Azules y rosadas melcochas de sal marina—.
Y entonces más tiendas,
Y muelles millonarios
Extendiendo sus sórdidas manos hacia el horizonte
Y bajando a lo profundo, a la sagrada azulidad del océano
Que, ante toda esta atrocidad creada por el hombre,
Permanece eternamente bello,
Misterioso y sublime.

Nota de JJ/CC: El poema se refiere a dos iconos de la ciudad desde finales del siglo XIX: los carritos de paseo empujados manualmente (una mezcla de *rickshaw* y silla de ruedas) y las coloridas melcochas de sal marina (*salt water taffy*). La ciudad vivió un *boom* en la década del veinte del siglo XX.

TU ROSTRO
[Your face]

Cuánta gloria regresar a tu rostro
tras haber visto tantos otros,
todos carentes de algo
y sin convencerme de nada.
Rostros llenos de odio y de lujuria,
con alegría, esperanza y desesperación;
unos sudando codicia y otros frescos de amor,
pero en tu rostro yo encuentro
la culminación o la posibilidad de todas estas cosas
buenas y malas a la vez,
como un pozo
cuya profundidad nadie es capaz de medir.
Misterioso, patético, sensible,
fuerte y débil, pero siempre exquisito
es tu rostro,
y de una belleza que crea en mi corazón
una ansiedad
que penetra e incendia siempre mi alma.
Cuánta gloria regresar a tu rostro
tras haber visto tantos otros.

A UNA QUE AMA LAS JOYAS
[To one who loves jewels]

Te di
versos míos que hablaban de mi aflicción
y celebraban tu belleza,
pero con desdén rompiste, tiraste lejos de ti
las hermosas páginas blancas
que contenían mis poemas.

Te di mi amor
y mucho más aún: mis sueños
de noche y de día,
pero tú no los comprendiste
e indiferente fuiste a todo ello.

Entonces, te di una joya,
un zafiro negro como una noche
tan profunda en sí misma como el mar,
y sólo por ese zafiro
me sonreíste.

HUELLAS
[Footprints]

Extiéndese frente a mí el siempre inquieto
pero nunca cambiante mar,
luciendo muy oscuro y salvaje con sus enloquecidas
manchas blancas de espuma sobre el rostro,
mientras yo, mero grano de arena
en medio de la confusión y los vientos
del Tiempo, me mantengo alerta y en tensión
mirando insistentemente hacia delante, pensando
y escudriñando el Futuro...
Cientos de siglos ruedan perdidos
en las profundidades del mar, y en sus orillas
sigo las gastadas y borrosas huellas
de una humanidad hace ya tiempo muerta.

POBRES TONTOS
[Poor fools]

Se acabó la guerra.
Una vez más
Creen que pueden bailar,
Y restaurar el brillo del pasado,
Y beberse en la intimidad
El vino acaparado, prohibido,
Y prenderse las joyas en el pecho.
¡Sigan bailando, pobres tontos,
Pues no saben
Que, marchando sobre la faz de la tierra,
Arrasándola va otro Gran Ejército!

MÚSICA
[Music]

No dejan de comentarme
lo vanas que son tus palabras.
Sin embargo,
me parece extraño el hechizo que creabas
al hablarme.
Nunca presté demasiada atención a tus palabras
porque lo único que siempre escuchaba de tu voz
era la melodía.
Decías cosas tan comunes como
"Esta noche estoy muy cansada", o
"Me pregunto por qué acaba tan tarde la función".
Otras veces hablabas de los quehaceres simples del día.
Pero para mí...,
para mí cada palabra tuya resultaba maravillosa,
porque tu voz era suave y callada
y sonaba como el repiqueteo amortiguado
de una lejana y antigua campana de iglesia.

FLORES Y ESTRELLAS
[Flowers and stars]

De la tierra son estrellas las flores,
y flores son del cielo las estrellas;
pero ambas cosas en mi alma tú eres:
flores y estrellas hasta que yo muera.

De *MUDANZAS*
[*Moods (prose poems)*, 1919]

En refrescante contraste con muchos poemarios opacos, *Moods* sobresale al leerlo. (...) [S]i algo destaca en este libro es su creencia en y su comprensión de sus semejantes. (...) Pese a la brevedad de estas visiones fugaces de la experiencia humana, el lector queda con un sentido de finalidad. Es como si, de repente, se abriera una puerta o se levantara rápidamente una ventana, y con igual rapidez se cerrara. Pero uno ya ha visto la habitación en su totalidad, y el interior ha quedado fotografiado en la mente. *Moods* (...) encierra la promesa de logros incluso mejores. (...) [M]e gusta su franqueza, su obvia sinceridad, su pasión por la verdad mientras se le revela la Vida; así como su empeño en darle el lector una pintura vívida y veloz. Ella podría llegar muy lejos.

Charles Hanson Towne

FE
[Faith]

Creo que no importa tanto lo que creemos
como lo que deseamos creer —el *deseo*
me parece mayor que lo logrado.

Dicen que "de esperanza vive el hombre", pero siento
que uno vive de fe o, de lo contrario, perece.
O quizás la fe y la esperanza sean cosas muy afines
—una viene de la Mano de Dios, la otra es el Aliento
de un Perfume Divino que Él ha esparcido
sobre el mundo
para que podamos hallar aún una sonrisa
donde parecía haber sólo lágrimas—.

Hoy no siento que ande a tientas como hasta ahora,
pero hay en mí una extraña exaltación,
como si una estrella anduviera atrapada en mi pelo
o un pedazo de luna hubiera descendido y rozado
mi mejilla.

¿Acaso entenderías si te dijera por qué?
¿Si te digo que mi alma lleva días y noches enteras
retorciéndose en un rincón oscuro, oprimida
por mil aprehensiones y aplastada por el peso del miedo?
Hasta el día de hoy la luz no ha encontrado su camino
y no obstante, ¿sabes que en esa soledad y quietud
he estado consciente
de algo pequeño revolviéndose en mí y tratando
de hacerme creer que *llegará* alguna ayuda?
Pero vino de nuevo la tristeza y unas formas
extrañas y grotescas
me constriñeron y mandaron
que me liberara y hundiera cada vez más.

Entonces quedé desesperada, sin poder
moverme ni levantar los ojos

—y de repente, cuando mi fe
casi se extinguía...

Dios extendió Su Mano e, inclinándose,
la puso sobre mí.

AMOR
[Love]

Parece absurdo que no lo reconociera de inmediato,
pero al principio mis pensamientos eran imprecisos
y no sabía qué nombre darle.
Siempre lo había visto como algo
mucho más personal e individual
pero, llegando entonces como llegó,
me resultó nuevo y extraño.
                              Fue en el metro.
Recuerdo que había estado lloviendo,
por lo que al entrar en el tren advertí
el desagradable olor a ropa húmeda
y los paraguas goteando. Al inicio,
la muchedumbre era agobiante.
Yo, que odio tanto las multitudes, me encogí un poco
y traté de recuperar el equilibrio.
Fue en ese momento que algo peculiar sucedió...

De repente, a pesar de que me apretujaban
y empujaban por todos lados, no me importó.
Un hombre se levantó y me dio el asiento,
y mientras me hundía en este
y la muchedumbre disminuía en las estaciones,
eché un vistazo a lo largo del tren
y vi a una mujer dormitando en un rincón. Tenía
la cara ajada, blanca y con moretones; llevaba
sucia la ropa y el sombrero ladeado.
A cada sacudida del tren
su cabeza se movía hacia delante;
a cada segundo parecía adoptar
una posición más incómoda aún.
Miré su lastimoso semblante y deseé
de todo corazón
apoyar su fatigada cabeza en mi hombro
y envolver con mi abrigo su escuálida figura.

Entonces,
eché otro vistazo al interior del tren y vi a un viejo.
Al parecer, había estado en el hospital
porque tenía vendada la cabeza
y a veces su rostro se contraía de dolor.
Furtivamente, observó en torno suyo
y cuando creyó que nadie lo miraba
escupió en el suelo, entre sus piernas.
En una situación normal
yo habría querido matarlo por eso,
pero entonces, por extraño que parezca,
no sentí asco, sino sólo una gran piedad y compasión
hacia él.

Un niño pequeño, sentado frente a mí, chillaba
estridentemente, y a cada segundo lamía el cristal
de la ventana, en tanto que a su lado los padres
peleaban y discutían entre sí.
Quise tomarlos de la mano y decirles que no riñeran,
y anhelé cargar al niño en mi regazo,
abrazarlo y distraerlo de la ventana sucia.

Entonces, mientras miraba los rostros
por todos los asientos,
se apoderó de mí una enorme comprensión y compasión
hacia ellos.
Cuánto hubiera querido tomarlos uno a uno de la mano
y sacarlos al sol y darles lo que más deseaban,
y ser luego capaz de alegrarme por su buena fortuna,
de la cual yo no reclamaría nada.
Me olvidé de mí totalmente y un espíritu de exaltación
me llegó de una forma que nunca antes
                    [había experimentado.
El metro dejó de apestar
y en todos los rostros y en mi corazón
me pareció discernir una luz inmensa.
Aguanté la respiración sintiendo como si una armonía
y un ritmo desconocidos me transportaran;
estaba segura de que en el tren todos los ojos

se habían vuelto afables
y de que nadie alojaba maldad en su corazón.

Antes de que este sentimiento se disolviera
—como sin dudas pasaría—
y me dejara de nuevo con mi propio ser
egoísta y desdichado,
ansié descubrir la naturaleza
de tal sublime condición.
Mientras me lo preguntaba,
escuché desde mi mente hasta lo más profundo
de mi corazón unas palabras
golpeando y martillando mi respuesta:

"¡Esto es amor!", clamaban.

TERNURA
[Tenderness]

Siempre decían que era egoísta
y consentida y que, a pesar de que vivía en una
casa inmensa con todo lo que el dinero
podía comprar, nadie se interesaba
por ella misma.

Aceptaban que era bella, pero decían que su rostro
era duro y amargo y que su único poder
radicaba en su mundana riqueza —la cual
atraía a cierto séquito deshonesto y vacío—,
mas no tenía ninguna influencia real
porque carecía de corazón y nadie la amaba.

Yo los escuchaba hablar de su rudeza y su falsa
indiferencia, al hacerlo se alteraban cada vez más,
se enfadaban y se encogían de hombros,
hasta terminar siempre agradeciéndole a Dios
no ser como ella.

Después de oír estos comentarios
—de los que me mantenía ajena—, regresaba siempre
a casa y pensaba en ella.

Entonces un día fui a escuchar a Kreisler tocar.
Creo que tocó como nunca antes le había escuchado
                    [hacerlo;
quizás fue la música de Beethoven lo que me emocionó
o, más probable aún, la mezcla del espíritu de ambos
lo que rasgó de forma tan lastimera mi alma.

Fuera cualquiera la causa,
me sentí totalmente hechizada, ciega, y perdí
la conciencia de dónde estaba
hasta que de repente, por azar, mis ojos
cayeron en su rostro. Fui traída de vuelta

a la realidad —y todo lo que había oído sobre ella
vino hacia mí y se agolpó en mi mente—.

Ella no estaba sola en el palco, pero se había
sentado aparte en un rincón, separada de todos,
como me la imaginaba siempre.
Estaba ligeramente reclinada,
apretando con las manos las rodillas,
los labios entreabiertos lucían singularmente pálidos.
Pero lo que más me atrajo fue la expresión de sus ojos,
una mezcla de súplica y tristeza que nunca antes había
                    [visto
en rostro alguno —y su boca de una suavidad extraña,
con una tierna apariencia en las comisuras—.

Ella no miraba a Kreisler,
sino insistentemente hacia delante,
como hacia algo que los demás no podíamos ver,
y me invadió la peculiar sensación
de que ella comprendía
y sentía cosas que resultaban remotas para el resto.

Entonces, desvié la mirada, porque de cierta forma
sentí como que la estaba espiando sin su máscara,
¡llegando a lo hondo de su alma!

El violín se detuvo y mientras las últimas notas
vibraban y se extinguían devoradas por los aplausos,
volví a mirarla.

Otra vez, la dura mirada en su rostro
y el amargo dolor en sus ojos.
Vi como sus acompañantes intercambiaban con ella
algún comentario casual, y entonces se apartaban
un poco, para conversar entre ellos.

De pronto me sobrevino una gran ola de ternura
y deseé con ansia repentina rodearla con mis brazos
y atraerla hacia mí.

Quise decirle que no estuviera sola ni amargada
ni afligida,
porque yo sabía que ella no era todo lo que decían,
ni eso en que la habían convertido
con sus chismes superfluos.

Quise tomar su mano y decirle que la entendía
y compadecía, y que si ella aparentaba esas cosas
que se decían, era simplemente porque nadie
la había besado nunca.

Nota de Joaquín Badajoz: Friedrich 'Fritz' Kreisler: Violinista y compositor austriaco que residió durante varias décadas en Nueva York. De Acosta puede referirse aquí a uno de los conciertos de su gira de 1917 por EEUU —interrumpida por el ambiente hostil creado a consecuencia de la entrada del país en la Primera Guerra Mundial en abril de ese año—, o al concierto benéfico a favor de la fundación Vienna Children's Milk Relief, en el Carnegie Hall de Nueva York, el 27 de octubre de 1919.

SENTIMIENTOS HERIDOS
[Hurt feelings]

¿Por supuesto que recuerdas aquel día en tu estudio
en que actué de forma tan extraña?
¡Subíamos felices las escaleras, riendo y prometiéndonos
que pasaríamos juntas el día más maravilloso
de nuestras vidas!

"El día de los días", lo nombraste.

¿Recuerdas que tropecé y derramé el té
y los paquetes de azúcar, y a ti se te cayó el pastel
al intentar sostenerme —y nos sentamos
en uno de los peldaños a reír sin parar
como si fuera la cosa más divertida del mundo?

Y luego en el corredor no me dejaste abrir la puerta
hasta besarme las manos.

Pero tan pronto como entramos en el estudio,
fue como si algo se rompiera dentro de mí, mudé
totalmente de ánimo y dejé de reír.
Puse los paquetes sobre la mesa
y me quedé en silencio.

Creíste, por supuesto,
que tenía una de mis antiguas jaquecas,
y buscaste esa absurda agua de colonia
para dolores de cabeza
—que nunca alivia en lo más mínimo—
e insististe en rociármela.

Y trataste de hacerme reír de nuevo y me besaste
el cuello pero, a pesar de que lucías
como una niña herida,
me puse a mirar por la ventana

y cuando me preguntaste qué pasaba,
simplemente respondí: "Nada".

Entonces, ante todas tus desesperadas súplicas,
abandoné el estudio
escaleras abajo hacia la calle...

Ahora me arrepiento de lo que hice, y aunque
nunca quise decirte el motivo, ahora —que todo luce
tan trivial— pienso que debo hacerlo:

¿Recuerdas que paré de reír en el instante
en que abriste la puerta?
Fue porque de inmediato vi
en un rincón sombrío
la pequeña planta que te regalé,
desfallecida y muerta.

TIEMPO
[Time]

Hoy el tiempo y el espacio significan poco para mí.
Estoy sentada aquí, pensando en diez años atrás,
y maravillada de que parezcan tan cercanos
y tan poco olvidados —mucho más próximos
que esos momentos de incluso ayer,
que ya parecen remotos y distantes—.

¡Qué extraño es el tiempo!

¿Sabes que a menudo imagino que el viejo Padre Tiempo
sostiene en sus manos algún instrumento?
Quizás un arpa o una lira —en vez de la guadaña
con la que lo pintan— y que toca y toca y toca...
usualmente una suave melodía;
y entonces las cosas que ocurrieron ayer mismo
se vuelven vagas,
casi olvidadas y lejanas.

Pero a veces él ve nuestros corazones desesperados
por recordar vívidamente algún rostro,
revivir algún momento o escuchar
una vez más un eco casi olvidado —entonces
nos compadece y toca con arrebatado estruendo
y, de repente,
como en una visión,
presenciamos momentos pasados,
o vemos un rostro,
o escuchamos una voz a nuestro lado,
y son tan reales que no podemos evitar
extender las manos
para tocarlos y acariciarlos, o voltear la cabeza
para escuchar la cadencia de una voz surgida
de ese pasado muerto
hace tanto tiempo.

¿Has notado cuán nítida recuerdan los viejos su infancia?

Ah, eso es porque el Padre Tiempo, anciano él mismo,
siente predilección por la vejez
—sabe que comparte con ella
ciertas cualidades recíprocas—.

Así que, por amarlos tanto y comprender
que no tiene ningún futuro terrenal que ofrecerles,
saca su instrumento y toca cada vez más alto —y *voilà*:
pueden pasarse horas enteras sentados meciéndose
lentamente hacia delante y hacia atrás,
mientras reviven algún entrañable momento
y escuchan una música dulce y encantada.

Y si con atención escuchas
durante los intervalos de silencio
entre el crujido y el balanceo de sus sillones, estoy segura
de que los escucharás murmurando entre ellos,
mientras asienten con la cabeza lentamente
hacia delante y hacia atrás...
"¡Parece que fue ayer!"

TORBELLINO
[Brainstorm]

¡Qué absurda la gente! ¡Como si alguien pudiera
alguna vez entender a otro!
Demasiado cansada estoy de que siempre
intenten entenderme
cuando ni yo misma me entiendo.
Perdí la fe esta noche
y en mi cerebro hay caos y torbellinos.
He dejado de creer en dioses y hombres.

¿Recuerdas cuando te hablaba de ideales,
de la verdad y de todas esas otras falacias?
Estaba bien loca entonces, pero esta noche estoy *cuerda*.
Cuerda y exhausta de controlarme y fingir.
Cansada de ser cortés, de bajar la voz
cuando deseo gritar, de reír
cuando quiero llorar. Cansada de repetir formalismos
y decir en las cenas "Qué fiesta tan encantadora", cuando
todo el tiempo he querido rasgar de un golpe el mantel
y hacer trizas la fina porcelana.

Estoy cansada de arrastrar los pies, siempre luchando
por avanzar hacia ninguna parte. Cansada de los débiles
que vacilan y de los que no conocen el amor verdadero
—para nada es amor el Amor
cuando no se está dispuesta a cometer un crimen—.
Pero también estoy cansada de amar
y ser amada —han pasado siglos desde que
te hablé de amor— y estoy exhausta de mentiras,
más cansada aún de la verdad que despierta esperanzas
y termina en desengaños.
¡Qué inútiles, confusas y trágicamente frágiles
son todas estas cosas!

¡Si la Vida tuviera el pelo largo para acariciárselo
y arrancárselo de raíz!

¡Si pudiera convertirme en terremoto y sacudir
fuera de la vida la civilización! ¡Qué farsa la civilización!
Como si tal cosa existiera. Me gustaría ser un huracán
y aplastarlo todo a mi paso,
o una enloquecedora tormenta, con sus latigazos
de sangre y fuego por todo el cielo...
¡Mil cadáveres yacerían esta noche a mi paso
y, disfrutando al caminar sobre ellos, desearía
que la Vida misma fuera una tira de gasa
para rasgarla y arrojarla a los vientos!

Salvajes pensamientos caóticos dominan mi cerebro
—en particular, tinieblas y un deseo demencial
de acabar con todo—.
Demasiado cansada estoy de la vida, pero sobre todo
de mí misma.
Oh, Dios mío, déjame romper estas cadenas...
¡Demasiado cansada estoy de mí misma!

LIBROS PUBLICADOS POR EDICIONES LA MIRADA

KATÁBASIS: SIETE VIAJEROS CUBANOS SOBRE EL CAMINO. Eds. Jesús J. Barquet e Isel Rivero. 2014. 80 pp. ISBN: 978-0-9911325-0-8. Nacidos en décadas diferentes del siglo XX (desde los años 20 hasta los años 80) y residentes en diversos puntos del planeta (Estados Unidos, Francia, España y Chile), Nivaria Tejera, Orlando Rossardi, Isel Rivero, Jesús J. Barquet, Damaris Calderón, Joaquín Badajoz y Yoandy Cabrera) interpretan poéticamente, utilizando el poema largo, la experiencia de la diáspora y de la evolución histórica de Cuba después de 1959. Imagen de cubierta e ilustraciones interiores: Justo Luis.

JJ/CC. Jesús J. Barquet y Carlota Caulfield. 2014. 90 pp. ISBN: 978-0-9911325-1-5. A manera de tríptico, este poemario incluye las colecciones breves "Refugios cotidianos", de Barquet; "Flashes (après Reverdy)", de Caulfield; y "Moradas", en coautoría de ambos. Las tres colecciones establecen un sugerente diálogo entre sí y ofrecen una poética de la contemplación que celebra la experiencia de la cotidianidad.

TODO PARECÍA (POESÍA CUBANA CONTEMPORÁNEA DE TEMAS GAYS Y LÉSBICOS). Eds. Jesús J. Barquet y Virgilio López Lemus. 2015. 166 pp. ISBN: 978-0-9911325-2-2. Primera antología de poesía cubana y cubanoamericana dedicada exclusivamente a los diversos temas relacionados con la condición LGBTQIA. Entre los 42 autores incluidos están Abilio Estévez, Achy Obejas, Alberto Acosta-Pérez, Alina Galliano, Amauri Gutiérrez Coto, Antón Arrufat, Damaris Calderón, Delfín Prats, Elaine Vilar Madruga, Frank Padrón, Isel Rivero, Lina de Feria, Magali Alabau, Maya Islas, Nelson Simón, Norge Espinosa, Reinaldo García Ramos y Richard Blanco. Incluye poemas en inglés traducidos al español. Imagen de cubierta: Jorge L. Porrata.

DE PRÓXIMA APARICIÓN

CAMPO DE REFUGIADOS (TEMAS ÁRABES Y JUDÍOS EN LA ACTUAL POESÍA CUBANA DE LA DIÁSPORA). Ed. Amauri Gutiérrez Coto. Primera antología de poesía cubana y cubanoamericana que agrupa ambos temas. Los trece poetas incluidos son Achy Obejas, Aimée G. Bolaños, Alina Galliano,

Amauri Gutiérrez Coto, Carlota Caulfield, Jesús J. Barquet, Joaquín Badajoz, José Kozer, Luis Marcelino Pérez, Magali Alabau, Nara Mansur, Raúl Moarquech Ferrera-Balanquet y Ruth Behar. Prólogo: David William Foster. Imagen de cubierta: Salvador Corratgé.

Imposeída (46 poemas),
de Mercedes de Acosta,
se terminó de imprimir el 31 de julio de 2016
en la ciudad de Las Cruces, Nuevo México,
Estados Unidos de América.

59509611R00057

Made in the USA
Charleston, SC
06 August 2016